E
F
G
H
M
N
O
P
U
V
W
X
SCH
AU
EI
EU

Fimi-Fibel Teil 1
Bildergeschichten zum Lesenlernen

von Gabriele Blumenstock
und
Prof. Leonhard Blumenstock

Redaktion: Erich Frister
Illustration: Sabine Tischer
Gestaltung: Jutta Fecke
Umschlaggestaltung: Ulrike Müller-Zimmerman

Die Teile der Fimi-Fibel

Fimi-Fibel Teil 1 Bildergeschichten zum Lesen lernen	Best.-Nr. 1991	**Mit Fimi schreiben** Schreiblehrgang zur Fimi-Fibel	
		Lateinische Ausgangsschrift	Best.-Nr. 1994
		Vereinfachte Ausgangsschrift	Best.-Nr. 1993
Fimi-Fibel Teil 2 Texte für kleine Leser	Best.-Nr. 1992	Schulausgangsschrift	Best.-Nr. 1995
Mit Fimi üben Arbeitsheft zur Fimi-Fibel	Best.-Nr. 1996	**Fimi-Fibel** Lehrerhandbuch mit Kopiervorlagen	Best.-Nr. 1997

Quellenverzeichnis

S. 35 Janosch, Oh wie schön ist Panama, ©1978 Beltz Verlag, Weinheim und Basel
Marcus Pfister, Der kleine Dino, ©1994 Nord-Süd Verlag AG, Gossau Zürich
Otfried Preußler, Das kleine Gespenst, ©1966 by K. Thienemanns Verlag, Stuttgart – Wien – Bern
James Krüss, Lisl Stich, Der blaue Autobus, ©1970 Boje-Verlag, Stuttgart

S. 38 Der König der Löwen, ©Disney

S. 39 Käpt'n Blaubär, lizensiert durch: Ravensburger Film + TV GmbH,
1997 Ravensburger ®FFP/RTV/WDR

S. 46 Petzi reist um die Erde, Carlsen Verlag, Reinbeck 1960/ ©P.I.B. Kopenhagen

S. 52 Otfried Preußler, Der Räuber Hotzenplotz, ©1973 by K. Thienemanns Verlag, Stuttgart – Wien – Bern

Bestellnummer 1991

ISBN 3-7826-1991-9

Eisenbahnstraße 31
77815 Bühl
Telefon (0 72 23) 98 89 64
Telefax (0 72 23) 98 89 45
http: //www.konkordia.de
E-Mail: verlag@konkordia.de

chlorfrei gebleichtes Papier
unser Beitrag zum Umweltschutz

Die letzte Zahl bezeichnet das Jahr dieses Druckes: 2000 1999 98

Gesamtherstellung: Konkordia Druck GmbH, Eisenbahnstraße 31, 77815 Bühl

Deutschunterricht heute

Fimi-Fibel

Teil **1**

Bildergeschichten zum Lesenlernen

Konzeption, Aufbau und Texte
Gabriele und Leonhard Blumenstock

Illustration und Gestaltung
Sabine Tischer und Jutta Fecke

KONKORDIA

LOSE
KARUSSELL
PIZZA & COLA
PONYREITEN
EIS

ZELT
RIESENRAD
DOSENWERFEN
GEISTERBAHN
ER-
TE

ZUM VORLESEN

HALLO KINDER!

DAS SIND KATI, IHR FREUND TIMO, DER MOPS MOLLI UND FIMI, DER FIBEL-MINI.

IHR KÖNNT SICHER SCHON EINIGE **GROSSBUCHSTABEN** LESEN.

WENN IHR EINEN BUCHSTABEN NICHT KENNT, SCHAUT BITTE AUF DEN UMSCHLAGSEITEN NACH! DORT FINDET IHR ZU JEDEM BUCHSTABEN EIN BILD.

OMA UND TIMO

TIMO UND MOLLI

I AU

MOLLI MIMI MAUS

TUT TUT

F

FIMI

EOTTO
MOFER
FOTO
MOFA
FI
MI
HALLO
FIMI
FOTO
MOFA
FIMI
FOTO
MO
FOTO
MOFA

AM SEE

KATI UND TIMO

FIMI BAUT

WER BAUT MIT?

KATI HAT HALSWEH

WER IST KRANK?

MAMA?

MOLLI?

KATI?

POST FÜR PAPA

IST DAS
MOLLIS PAKET?
MAMAS PAKET?
PAPAS PAKET?
KATIS PAKET?
OPAS PAKET?

IM KINO

EINE NASE

EINE PAPPNASE

EINE TOLLE PAPPNASE

EINE REIFENPANNE

EIN REIFEN IST KAPUTT.

ALLES MUSS RAUS.

SO EIN ALTER KARREN!

KATI STEMPELT

MAUS

MOLLI

SEE

TASSE

SO

FEIN

FIMI REIMT

KATI AM BUS

BUS
AUTOBUS
OMNIBUS

LESEN IST TOLL

IST KINO TOLL?
IST RENNEN TOLL?
IST LESEN TOLL?

HAARE SCHNEIDEN

SCHNEIDERS SCHEREN
SCHNEIDEN SCHARF.

SCHARF SCHNEIDEN
SCHNEIDERS SCHEREN.

DAUERND KNATSCH

DAUERND
DUMM
UND DOOF?

NEIN, DANKE!

Große und kleine Buchstaben

E
e
R
r
U
u
K
N
k
A
D
d
a
n
L
El
B
l
b
ei
O, immer 2.

A a

O o

M m

I i

Oma
Timo
Mimi
Mama
Fimi

AU au

T t

S s

U u

Spiele
Auto Maus
Otto Foto
Automat Susi
Mist Ast

Affe

See

Kopf

Papa

Tee

Topf

Opa

Fee

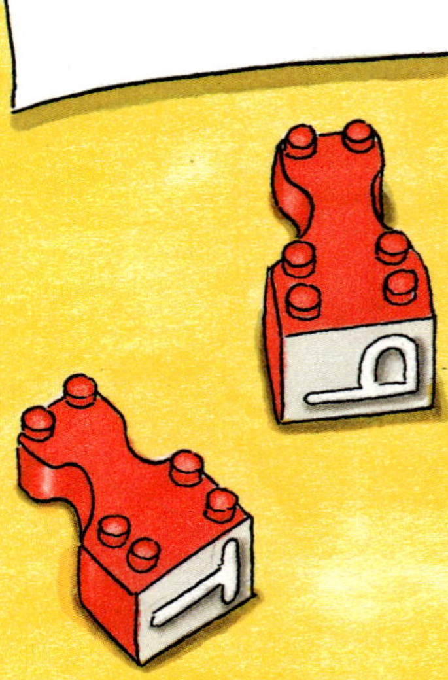

L l

B b

N n

Ei ei

Ball

Bein

los

Es ist so laut

Sei leise

K k

R r

Eine kleine Maus
rennt ums Haus,
rennt um den Tisch,
frisst einen Fisch,
frisst eine Laus,
du bist aus.

D d

SCH sch

rot
Brot
du
dumm
Kakao

Hau mich nicht

Hat Heiko Recht?
Oder hat Timo Recht?

Ist Timo schuld?
Oder ist Heiko schuld?

Wetterkarte

Was soll
Kati anziehen?

Was soll
sie mitnehmen?

G g

Geburtstag

Gabi, ich habe etwas für dich.
Gabi
Timo

Sag mir bitte, ob du kommst!
Echt gut, ich komme.

für Gabi
Ich lade dich ein
zu meinem Geburtstag.
Komme bitte
am 4. Dezember
um 15.00 Uhr
in den Gartenweg 2.
Timo
Dezember
1. Montag
2. Dienstag
3. Mittwoch
4. Donnerstag Timos Geburtstag
5 Freitag
Gabi

Bücher für Kinder

Oh, wie schön ist Panama

Das kleine Gespenst

Der kleine Dino

Der blaue Autobus

Vv ö

Ein verirrter Vogel

Vogel, flieg hinaus,
breite deine Flügel aus,

hoch oben in den Ästen,
da lebt es sich am besten,

schön ist dein Zuhaus.

Mein Zahn wackelt

Wackelzahn

Timos Zahn ist ein Milchzahn.
Wenn er raus ist,
kommt ein anderer.
Aber den darf Timo dann
nicht mehr verlieren.

Der König der Löwen

Als der kleine Löwe Simba
größer war, besiegte er
alle seine Feinde.
Dann wurde er selbst
der König der Löwen.

Käpt'n Blaubär

Hört mal gut zu!
Ihr wisst ja, dass ich euch
keine Märchen erzähle.
Mein tollstes Schiff war ganz
aus Buchstaben gebaut.
Mann, war das ein Schiff.

Aber dann passierte ein
schlimmer Fehler.
Auf einmal kam ein S
und machte die **Wand**
meines Schiffes zu **Sand**.
Nun war mein schönes
Schiff kaputt.
Schade.

Kam einmal ein Sturm,
so nahm man einfach ein **W**.
Schon war aus dem **Sturm**
ein **Wurm** geworden.
Da staunt ihr.

Sturm	Wand
Wurm	Sand

Fimi macht die Dinge klein

Vogel

Wurm

Hut

Tasse

Affe

Topf

Vögelchen
Würmchen
Hütchen
Tässchen
Äffchen
Töpfchen

Eu eu

Zu teuer

Ein neues Rad?

Was wird Timo tun?

Kann er sich über etwas anderes freuen?

Was würdet ihr euch wünschen?

Kati am Computer

Judo

Judo

Judo kommt aus Japan.
Zwei Gegner kämpfen miteinander.
Jeder will den anderen auf die
Matte werfen und besiegen.
Aber man muss sich genau
an die Regeln halten.

Weshalb lernt Johanna Judo?

Auf dem Dachboden

Das ist ja zum Lachen
mit all diesen Sachen,
mit Kleidern und Schuhen
aus Schachteln und Truhen!

Petzi reist um die Erde

Eine Reise um die Erde

Petzi und seine Freunde
haben noch einen weiten Weg.
Sie müssen über Berge
und Flüsse und Meere.
Ob sie die weite
Reise schaffen?

Quarkkissen

Nimm 250 g Quark, 125 g Mehl und etwas Salz,
Schüssel, Kochlöffel, Nudelholz und Pfanne!
Rühre das Mehl und etwas Salz unter den Quark!
Rolle den Teig aus und teile ihn in Vierecke!
Backe die Teile mit etwas Fett hellbraun.
Streue etwas Zucker auf die Kissen!

Guten Appetit!

Kati oder Katy

Zylinder

Teddy

Yak

Pyramide

Verschlafen

Hexe	faxen
Nixe	mixen
Max	boxen

Das Namen-ABC

D E F G H I J K

Ayla sammelt alte Dosen.
Benno trägt gern bunte Hosen.

Carmen schwärmt für coole Sachen.
Dominik muss dauernd lachen.

Eva ekelt sich vor Schlangen.
Ferdinand lässt sich nicht fangen.

Grit gewinnt die größte Puppe.
Hans mag heute keine Suppe.

Isabell sitzt im Versteck.
Jens jagt jede Fliege weg.

Katrin kitzelt ihren Kater.
Leon läuft zu seinem Vater.

L M N O P Q R S T U V W X Y Z

Monika mampft Marmelade.
Nils nascht nachts noch Schokolade.

Otti fällt im Schnee, o weh!
Peter paddelt auf dem See.

Quenda quatscht und quasselt viel.
Rudi rennt ganz schnell durchs Ziel.

Sara sitzt meist auf dem Sofa.
Timo träumt von einem Mofa.

Ursula schwitzt unter Decken.
Volker will sich rasch verstecken.

Winni hat ’ne weiße Maus.
Xaver schreit: „Verflixt, hinaus!“

Yola spielt gut Xylophon.
Zacharias zaubert schon.

Äu äu

Räuber Hotzenplotz

Räuber Hotzenplotz ist
Fimis Lieblingsbuch.
Fimi liest jeden Tag darin.
Ob der Räuber die
Kaffeemühle rauben kann?

Kennst du das Buch schon?

Wachsen

Vom Wachsen

Kinder werden
schnell größer.
Man merkt das an den
Schuhen und Kleidern.

Wie ist das mit den
Erwachsenen?

Wachsen auch Tiere
und Pflanzen?

Fimi versteckt Wörter

Kinder, in dem Buchstabensalat stecken sechs Wörter mit St und Sp. Ob ihr sie finden könnt? Ihr müsst senkrecht und waagerecht suchen.

		b	r	J	o	m	z	f	A
		S	p	a	n	g	e		
p	c	T	S	l			i		
S	t	o	c	k			a	S	u
r	l	w	t	V	q	x	D	T	p
S	p	i	n	n	e	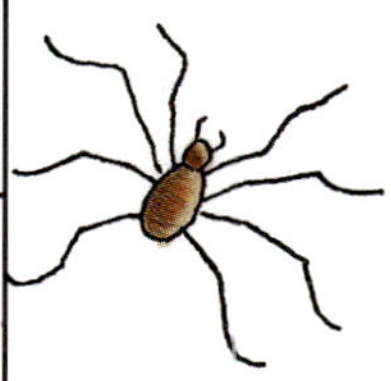		u	E
d	F	y	F	ä	s			h	ö
b	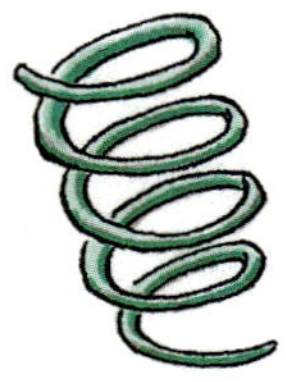		S	p	i	r	a	l	e
N			c	H	l	q	e	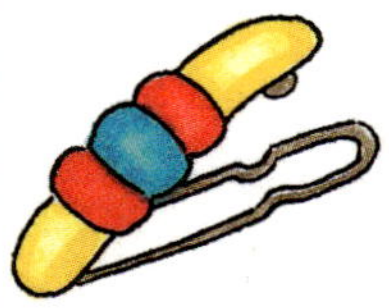	
S	t	r	ü	m	p	f	e		

Anke fehlt

Kati reimt:

Zwei Wochen war die Anke krank.
Da kommt sie wieder – Gott sei Dank!

Uli reimt:

Einen dicken Gipsverband
trägt die Anke an der Hand.

Uwe reimt:

Anke liegt im Krankenhaus.
Morgen darf sie wieder raus.

Wir lesen englische Wörter

Drei Chinesen...

i

Dri Chinisin mit dim Kintribiss
sißin if dir Strißi ind irzihltin sich wis.
Di kim di Pilizi: Ji, wis ist dinn dis?
Dri Chinisin mit dim Kintribiss!

o

Dro Chonoson mot dom Kontroboss
soßon of dor Stroßo ond orzohlton soch wos.
Do kom do Polozo: Jo, wos ost donn dos?
Dro Chonoson mot dom Kontroboss!

Singt das Lied:
mit a,
mit e,
mit u!

!therdegmU

ittO
idreF
onneB
xilebO
xiretsA
akinoM
aniratak

floR
nirtaK
sirI
nairolF
iduR

rellüM
floW
retsieM
tnubretnuK
rehcsiF

Fimi hat Appetit auf Buchstaben

V_rk_hrt_ W_lt

Di_ Glock_n sind im K_ll_r,
Kartoff_ln auf d_m Turm,
d_r Tisch st_ht auf d_m T_ll_r,
und Hühn_r frisst d_r Wurm.

Das Schiff macht Alp_nr_is_n,
di_ Gäms_ wohnt im M__r,
ganz l_icht sind Bl_i und _isen,
doch F_d_rn schr_cklich schw_r.

Fimis Rätsel

Seht die Bilder auf der rechten Seite an.
Schreibt die Namen der Tiere und Dinge
auf einem Blatt untereinander.
Unterstreicht immer den ersten Buchstaben!
Wenn ihr diese Buchstaben zusammenfügt,
wisst ihr, was Fimi euch wünscht.

1
2
3
4
5
6
7
8
9
10

Mähnenrobbe
Kamel
Bärengehege
Affenhaus
Gorilla
Wüs
Streic
Totenkopfäffchen

Zebra
ama
Indischer Elefant
uchs
Krokodil
oo
Pinguin

INHALT

A a
B b
C c
D d
I i
J j
K k
L l
QU qu
R r
S s
T t
Y y
Z z